Adventskalender Zero

24 mal weniger ist mehr

camino.

gemeinsam auf dem Weg

ADVENTSKALENDER
ZERO

24 MAL WENIGER IST MEHR

camino.

MACH DICH BEREIT!

Am Anfang steht ein großes Versprechen: Dieser Adventsbegleiter hat keine Kalorien und er regt an keiner Stelle zum Konsum an. Er wirbt dagegen für Neuverwertung, Bewusstsein, Verzicht und Minimalismus. Du hast also nichts zu verlieren. Außer eben die Dinge, die dich eh belasten.

Ein erfahrenes Team, was Detoxing, Selbstorganisation und Alltagsspiritualität angeht, hat sich zusammengesetzt, um ein 24-Tage-Programm für die Weihnachtszeit zu entwickeln.
Jeden Tag gibt es eine besondere Challenge, die dich inspiriert, unterhält oder aufstachelt, die Welt auf den Kopf zu stellen.

Obwohl es uns um die kleinen Schritte im Alltag geht, ist das Ergebnis doch mega: Nach 24 Challenges stehst du an Heiligabend zufriedener und dankbarer vor dem Tannenbaum – und mit diesem ganz intensiven Weihnachtskribbeln im Bauch.

Los geht's!

THREE
TWO
ONE

ZERO

1

WO DAS CHAOS WOHNT –

Finde raus,
wo das Zeug liegt,
das du nicht mehr
brauchst!
Jetzt ist die Zeit da:
Mach dich frei davon!

WIE VIELE DINGE

brauchst du, um glücklich zu sein? Zwölf, hundert oder eine Million? Jedes Kind, das heute geboren wird, besitzt mehr, als viele Menschen früher in ihrem ganzen Leben besessen haben. Eine typische Biografie sieht heute so aus: Man kommt mit Altlasten auf die Welt und ist das ganze Leben lang damit beschäftigt, sich von all dem Ballast zu befreien. Nur dumm, dass Tag für Tag noch ein bisschen mehr dazukommt. Viele finden es befreiend, wenn sie umziehen, weil sie dann wieder einmal etwas wegwerfen können. Für alle, die keine Lust mehr auf große Veränderungen haben, hier eine kleine, aber wertvolle Übung:

CHALLENGE 1

Spüre den Ort in deinem Zuhause auf, wo sich Zeug
anhäuft, das du nicht mehr brauchst! Zum Beispiel
das Depot unter dem Couchtisch: Zeitschriften, die
du noch ein zweites Mal lesen wolltest. Machst du eh
nicht! Oder die vier Kulis, die nicht mehr schreiben,
was du jedes Mal aufs Neue rausfindest, wenn du
dringend etwas aufschreiben willst. Oder die Tasse
mit dem abgebrochenen Henkel – zu schade, um sie
wegzuwerfen, zu schäbig für die Vitrine. Jetzt löse
diesen Ort der Unordnung auf! Was keinen eigenen
Platz mehr hat, fliegt gnadenlos raus.

X-MAS DIREKTRECYCLING –

Probiere etwas Neues,
am besten aus
etwas Altem!
Das ist dann komplett
klimaneutral.

GESTERN HAST DU
TABULA RASA GEMACHT!

Es tut gut, altes Zeug loszuwerden. Aber zu entscheiden, was noch brauchbar ist und was weg kann, ist gar nicht leicht. Man könnte ja noch, man hätte so gern ... Zum Glück gibt es auch da einen goldenen Mittelweg – und besonders zum Advent. Wer etwas für Deko übrig hat, der braucht nicht erst in den Bastelladen zu gehen, um sich schönes Material zu besorgen. Wäre es nicht wünschenswert, sich zu verschlanken und gleichzeitig schöne neue Dinge zu besitzen? Das Zauberwort heißt: Direktrecycling.

CHALLENGE 2

Wenn du in diesem Jahr Weihnachtsdeko basteln willst, dann mach das doch aus Dingen, die du bereits im Haus hast! Alte CDs statt Glitzerfolie, alte Verpackungen statt Transparentpapier. Und warum nicht einfach mal einen Adventskranz aus vier alten Dosen oder Flaschen basteln? Einfach auswaschen, Etiketten abziehen, anmalen, mit Sand, Steinen, Zweigen oder Moos befüllen, Kerzen rein und aufstellen. Kosten für dich und die Umwelt: 0,0. Dafür hundertprozentig ein Hingucker.

3

POWER WORKOUT PSSST!

Schweigen muss
man erst wieder
lernen, aber
es lohnt sich.
Lass die inneren
Jalousien runter und
genieße die Stille!

WANN HAST DU DAS LETZTE MAL GESCHWIEGEN?

Eigentlich schweigen wir nur noch, wenn wir uns im Streit nichts mehr zu sagen haben. Oder weil wir vor einer scheinbar unüberwindbaren Aufgabe stehen und uns wie gelähmt fühlen. Dabei ist Schweigen etwas ganz Aktives. Man braucht Disziplin, Übung und Ausdauer, aber auch Zeit und Muße. Schweigen ist der Sport der Mönche, wenn man so will. Aber was das Schönste ist: Wenn man das Schweigen beherrscht, entdeckt man ganz neue Möglichkeiten, sich zu entspannen. Und das im wörtlichen Sinn, denn alle Spannung löst sich nach und nach auf, bis wir wieder ganz bei Sinnen sind.

CHALLENGE 3

Hast du gute Bauchmuskeln, warst du in letzter Zeit joggen oder im Fitnessstudio? Wenn ja, dann hast du deinen Schweinehund ja schon einmal besiegt. Aber fürs bewusste Schweigen muss man nochmal in den Kampfring! Schließe die Augen, atme aus dem Bauch und konzentriere dich auf deinen inneren Schwerpunkt! Mit jedem Atemzug kommst du mehr zur Ruhe. Deine Seele pendelt sich ein. Genieße diesen Prozess des Zu-dir-Kommens! Wenn du das Gefühl hast, am Ziel zu sein, dann öffne die Augen, aber bleibe ganz bei dir. Und jetzt: pssst für mindestens fünf Minuten.

DAS ADVENTSPRINZIP

Routinen geben uns Sicherheit, aber machen sie uns glücklich? Brich aus deinen Gewohnheiten aus und komme neu an!

UNSER ALLTAG IST EINE KETTE
von Gewohnheiten und Improvisationen.
Montag bis Freitag lebst du eigentlich
besser, wenn alles seinen geordneten Gang
geht. Samstag und Sonntag wurden für
die Improvisation erfunden. Oder anders
gesagt: Die ganze Spontaneität, für die
einem die Woche über Zeit und Nerven
fehlen, ist am Wochenende ausdrücklich
erwünscht. Und was magst du mehr?
Dienstagmorgen oder Sonntagnachmittag?
Vielleicht können wir ja eine Brücke
schlagen, indem wir eine kleine und völlig
unnötige Extrakür erfinden:
Das muss ja nichts Weltbewegendes sein.
Aber manchmal reicht eine Kleinigkeit,
um unsere Welt neu zu bewegen.

CHALLENGE 4

Gestern hast du geschwiegen. Bist du jetzt so richtig im Advent angekommen? Advent heißt übrigens so viel wie Ankunft. Gemeint ist natürlich die Ankunft von Jesus auf der Welt. Aber wir können das Adventsprinzip ruhig abkupfern. Es heißt: Ankommen, um neu aufzubrechen. Das machen wir jetzt ganz konkret: Gehe heute mal die Fußwege, die du sonst nicht gehst! Wenn du heute zur Arbeit läufst, nimm die andere Straßenseite! Fahre nicht mit dem Auto, sondern zieh dir ein Straßenbahnticket! Hast du nicht irgendwo noch die Inlineskates?

5

SCHLECHTE-LAUNE-SEGEN

Machen wir
die Welt doch
etwas schöner,
wenn das so
einfach geht!
Gute Taten
kann man
weitergeben.

EIN GRAUER WINTERANFANG –
da kann man den prächtigsten Exemplaren
von schlechter Laune begegnen! Wenn die
Tage immer kürzer werden, alles nass und
kalt ist, gedeiht sie besonders gut: auf
den Straßen, in den Städten und Büros,
manchmal auch in den Familien. Empfindlich
gerötete Tropfnasen, die sich durch den
Dauerregen quälen. So fies kann die Welt zu
einem sein. Aber das ist alles Ansichtssache,
denn für den Hals gibt es einen Schal
und die Jahreszeit mit der höchsten
Erkältungsrate fällt zusammen mit den
Tee- und Kuschel-Monaten. Und gegen die
Schlechtelaune-Epidemie kann
man auch etwas tun.

CHALLENGE 5

Wie fantastisch wäre unsere Welt, wenn jeder Mensch seinem Nachbarn einen Gefallen tun würde! Das könnte ein Kompliment sein. Man könnte aber auch die Straßenseite vom Nachbarn mitkehren. Oder man könnte das Pausenbrot mit dem Kollegen teilen. Einfach so, ohne eine Gegenleistung dafür zu verlangen. Wenn alle mitmachen würden, wären das dann am Tag um die 7,6 Milliarden gute Taten. Einer muss nur anfangen! Und wenn du dieser eine wärst? Los geht's: Tu heute ganz bewusst etwas für deine Mitmenschen! Gutes tun heißt auch: segnen. Sei du heute dieser Segen!

6

NIKOLAUS RELOADED

Lust, heute mal
zum anonymen
Superhelden zu werden?
Jetzt geht's dir an
die Stiefel!

WAS HAT DER NIKOLAUS

denn eigentlich noch mal gemacht?
Legenden gibt es viele. Er soll drei Mädchen
vor einem Schicksal auf der Straße gerettet
und ihnen Geld durchs offene Fenster
geworfen haben. Er soll Korn vermehrt
und viele Menschen vor dem Hungertod
gerettet haben. Nikolaus hat sich stark
gemacht für Leute, die gelitten haben.
Warum sein Ansehen zusammengeschmolzen
ist in eine drollige Schokofigur, ist schwer
zu sagen. Aber wir können ihn mit ganz
kleinen Mitteln wieder rausholen aus dem
Knisterfolienkitsch. Wenn der heilige
Nikolaus vielen Leuten Gutes getan hat,
machen wir ihm das am 6. Dezember
einfach gleich.

CHALLENGE 6

In vielen Familien ist der Nikolaustag das kleine Weihnachten, bei dem es schon mal den ersten Schwung Geschenke gibt. Natürlich! Wer seine Schuhe geputzt rausstellt, der soll auch weiterhin nicht leer ausgehen. Aber was, wenn wir einfach neue und eigene Nikolausbräuche entwickeln? Geh doch mal deine Schuhe durch, brauchst du wirklich noch das Paar Stiefel, das du nur einmal anhattest? Oder wie sieht es mit den Dingen aus, die du in den Keller getragen hast, weil du sie bei den Kleinanzeigen verkaufen wolltest? Vielleicht ist die gute Nikolaus-Tat gar nicht weit entfernt: Stell vor die Tür, was gut ist und was jemand brauchen könnte! Lege einen Zettel dazu: „Zu verschenken. Liebe Grüße vom Nikolaus!"

DIGITAL DETOX FÜR ANFÄNGER

Wie viel Zeit verbringst du online – und was bleibt davon übrig? Entdecke deine Umwelt mal wieder ganz analog!

HAST DU MAL KONTROLLIERT,
wie lange du am Tag im Netz bist? Irgendwo
in deinem Smartphone gibt es ein Tool,
das kann deine Onlinezeit messen.
Aber Achtung: Hier musst du stark und
mutig sein. Bist du schon bei vier Stunden?
Das Ergebnis ist erschreckend. Aber schau
der Wahrheit ruhig ins Auge! Wann hat das
Ganze eigentlich angefangen? Als du deinen
Facebook-Account eröffnet hast? Als du
dir vor zehn Jahren das erste Smartphone
gekauft hast? Oder doch eher, seit du
endlich auf Onlinebanking umgestiegen
bist? Inzwischen ist aus der futuristischen
Vision der allgegenwärtigen Vernetzung eine
beklemmende Wirklichkeit geworden:
Aber verpassen wir wirklich etwas, wenn wir
nicht überall mitmachen?

CHALLENGE 7

Keine Angst, hier gibt es kein Handyverbot und kein Offline-Nachsitzen! Aber du bekommst ein kleines Zeitfenster geschenkt. Heute kannst du dem Allways-on-Zeitalter entfliehen! Setze dich mit einem lieben Menschen zusammen, ohne auf dein Handy zu gucken! Vielleicht wollt ihr euch ja darüber unterhalten, wie es damals war – mit Lexikon statt Wikipedia, mit Walkman oder Discman, mit VHS und Co. Wer Lust hat, kann alternativ auch einen Menschen anrufen, den er bereits vor der digitalen Welt gekannt hat! Hast du noch dein handgeschriebenes Telefonbüchlein?

LEBEN IN ECHTZEIT

Was willst du von der
Welt – Erinnerungen
oder Sharepics?
Tauche ab ins Fotoalbum
deiner Kindheit!

HEUTE IST GLEICH JEDER MOMENT
mit einem Mindestmaß an Emotion – ein
historischer Moment. Das Wahlergebnis
ist historisch, die Temperatur im Mai ist
historisch, die Unternehmensaktien sind
auf dem historisch höchsten Niveau.
Jeder will Geschichte schreiben. Aus
was besteht deine Geschichte? Auch aus
den Erfolgsmeldungen, die du mit dem
Smartphone fotografiert und vielleicht sogar
auf Instagram geteilt hast? Sind das die
wirklich bleibenden Momente in unserem
Leben? Wahrscheinlich nicht. In unserem
Leben zählen weder Statistiken noch
Superlative. Wichtig für uns kann nur sein,
was die Jahre überdauert und übrig bleibt:
in unserem Kopf und in unserem Herzen.

CHALLENGE 8

Suche aus deinem Fotoalbum die Topmomente deiner Vergangenheit und wiederhole sie! Das macht mit uns mehr als das bloße Anschauen. Suche dir ein Bild für die nächste Familien- oder Freundeszusammenkunft raus! Wenn es so weit ist: Überrede deine Lieben zum Mitmachen und stellt die besten Szenen aus eurem gemeinsamen Leben nach! Das Familienporträt, bei dem deine Schwester die Zunge rausstreckt. Oder das Bild, auf dem du und deine Freundin einen Milchschaumbart habt. Momente werden so zum zweiten Mal unvergesslich. Frisch verpackt in einer neuen gemeinsamen Erinnerung!

9

Es gibt noch
vieles in deinem
Leben, das du
noch nicht kennst!
Wetten?
Heute ist Zufallstag!

LASS DEN WEIHNACHTSMARKT
am Wochenende links liegen. Findest du
in der Stadt wirklich neue Inspiration?
Oder musst du nicht viel eher raus aus
deiner alltäglichen Kulisse? Auch wenn es
draußen schon weihnachtlich wird: Fernab
der Punschdämpfe, Bratwurstgerüche
und krampfgeplagten Shoppinganfälle
gibt es viele Kraftorte, die du noch nicht
kennst. Aber wo liegen die unbekannten
und interessanten Plätze in deiner Nähe?
Vielleicht folgst du einfach mal dem Zufall
und lässt dich auf das ein, was dir über den
Weg läuft. Das kann ein stylisches Café an
der Endhaltestelle sein oder eine idyllische
Rheinaue direkt an der Bundesstraße.

CHALLENGE 9

Nächste Ausfahrt Zufall! Gibt es in deiner Nähe eine S-Bahn oder Bus-Haltestelle? Wie wäre es, wenn du mal Ausflugsroulette spielst und aussteigst, wo du noch nie ausgestiegen bist. Oder schnapp dir das Auto und lass dein Navi zu Hause. Keine Angst, zurück findet man früher oder später immer! Wenn du heute keine Zeit für einen kleinen Ausflug findest, dann nimm dir doch eine Straßenkarte vor oder recherchiere bei Google-Maps, wo dein nächster Überraschungsausflug hingehen könnte. Ausflüge kann man nämlich auch im Kopf machen.

HERZNOTE IM ADVENT

Wann hast du das letzte
Mal dieses Zimtkribbeln
in der Nase gespürt?
Entdecke Weihnachten
der Nase nach!

WEISST DU NOCH,
wie es gerochen hat, wenn die nassen
Wollhandschuhe nach dem Schlittenfahren
zum Trocknen auf der Heizung lagen?
Ja, das war merkwürdig. Trotzdem steht
dieser muffige Heizungsluftdampf auch für
eine sorgenlose und gnadenreich schöne
Winterweihnachtsidylle.
Wir haben ein Gedächtnis für Gerüche.
Sie sind fest verbunden mit Jahreszeiten und
Lebensphasen und viele Geruchserlebnisse
werden wir ein ganzes Leben nicht los. Jeder
hat da seine eigenen Spezialitäten. Trotzdem
gibt es Herznoten der Adventsparfüms, die
so gut wie jeder verinnerlicht hat:
Zimt, Nelke, Mandarinen und Orangen.

CHALLENGE 10

Suche dir Dinge in deinem Haus, mit denen du deinen persönlichen Weihnachtsduft entwickeln kannst! Es braucht keine raumfüllende Essenz, um unser Haus mit dem Geist der Weihnacht zu füllen. Auch hier trumpft die Tradition auf. Wir wollen ja ganz nah dran an unser Geruchsgedächtnis und die Zaubermomente der Adventszeit, wie wir sie als Kinder erlebt haben. Falls dir nichts einfällt, um deinen Geruchssinn zu aktivieren, hier das einfachste und beste Rezept für deinen Weihnachtsduft:

DER ORANGENIGEL

Spicke eine Orange mit Nelken und schon strömt der herrliche Duft aus.

Wenn du das Tellerchen auf den Ofen oder die Heizung stellst, verstärkt sich die Wirkung!

Wenn du die Top 10
bestimmen könntest, wäre
George Michael dabei?
Zieh die Nikolausmütze auf
und geh ans DJ-Pult!

SEIT 1986 BEGINNT DIE WEIHNACHTSZEIT,

wenn zum ersten Mal Last Christmas von Wham! im Radio läuft. Dass George Michael ausgerechnet am ersten Weihnachtstag 2016 gestorben ist, mutet dabei echt zynisch an. Ob man das Lied nun mag oder nicht, es ist und bleibt die Weihnachtsfanfare der Gegenwart. Immerhin ist das nicht so geschmacklos wie die Dominosteine und Kuchenbäume, die bereits ab August an der Discounterkasse liegen. Last Christmas ist jenseits aller Konkurrenz. Die übrigen Top 10 könnten so aussehen:

1. Last Christmas
2. Driving home for Christmas
3. Es ist ein Ros' entsprungen
4. Feliz Navidad
5. In der Weihnachtsbäckerei
6. Have yourself a merry little christmas
7. Happy christmas (War is over)
8. Jingle bells
9. Macht hoch die Tür
10. Go tell it on the mountain

CHALLENGE 11

Wie sieht deine eigene Tracklist aus? Es müssen
ja nicht immer die klassischen Weihnachtskracher
sein. Schließlich hatte auch George Michael bei
Last Christmas eher den Ex im Kopf als einen
Weihnachtsbaum. Aber die Spielregeln sind klar:
Last Christmas bleibt Top 1!

1. Last Christmas
2.
3.
4.
5.
6.
7.
8.
9.
10.

SEI KEIN STAND-BY-ÖKO

Wo ist in meinem Leben
noch Einsparpotenzial,
das nicht wehtut?
Schönrechnen gilt
einfach nicht.

INZWISCHEN IST DAS EIN ALTER HUT:
Wer etwas für sich, die Umwelt und die
Natur erreichen will, schafft das nur, wenn
eines nicht fehlt: Spaß. Das ist der Schlüssel,
um Menschen zu erreichen, zu überzeugen
und nachhaltig für ein Umdenken zu
gewinnen. Umweltbewusst einzukaufen,
macht einfach mehr Spaß, auch wenn die
Preise natürlich höher sind. Es stellt sich
ein besseres Gefühl ein: Wenn das Gemüse
handverlesen in den Einkaufskorb wandert
und nicht im industriell produzierten
Plastikbündel. Wir dürfen die Beziehung zu
dem nicht verlieren, was wir konsumieren.
Sonst hat Konsum ja gar keinen anderen
Zweck als den Selbstzweck. Mit Sinn,
Verstand und Spaß, so müsste man sein
Leben in die Hand nehmen.

CHALLENGE 12

Spaß macht das Einsparen und Umdenken aber nur dann, wenn es nicht auf Kosten dessen geht, was wir an unserem Alltag lieben. Ist zwar schade, aber eine Tatsache. Ein erster Schritt muss sein, die Potenziale zu nutzen, die da sind! Und zwar ohne Ausreden und Kurzschlusshandlungen. Bevor du alle Geräte wegen ihrer schlechteren Energieeffizienz austauschst, überleg mal, was es gekostet hat, sie zu produzieren! Also auch hier: Das kleine Potenzial zählt! Du wirst sehen: Der größte Feind des umweltbewussten Lebens ist die eigene Bequemlichkeit. Zähle mal alle Geräte mit Stand-by-Modus, auch Handys, Tablets, Kaffeemaschinen und andere Küchengeräte! Dann schalte sie konsequent ab, stecke sie aus und sei zufrieden mit dir!

YUMMY! YUMMY! SPRINGERLE!

Wenn Weihnachten ein
Kuchen ist, sind da dann
Rosinen drin?
Stell deinen eigenen
Speiseplan auf!

FÜR DIE EINEN GEHÖREN

die getrockneten Dinger in den Stollen, für andere wird er dadurch ungenießbar. Der Rosinengrad verläuft auch zwischen die engste Familienbande. Gehören jetzt in die Weihnachtszeit Rosinen oder nicht? Diese Frage wird jede Xmas-Mode überdauern, denn von Region zu Region, von Stadt zu Stadt, von Familie zu Familie und von Gaumen zu Gaumen schmeckt Weihnachten ganz anders. Wie schmeckt dein Zuhause?

Vanillekipferl? Fondue? Zimtstern? Omas knochentrockenes Früchtebrot? Würstchen mit Kartoffelsalat? Spritzgebäck? After Eight aus dem Süßigkeitenregal? Pflaumensuppe? Pistazien? Hawaii-Toast? Oder doch eher gebratene Gans?

CHALLENGE 13

Wie sieht deine Top 10 aus? Beweist du auch so guten Geschmack? Hast du eine Spezialität auf der Speisekarte, die es nur bei dir gibt? Ist alles beim Alten geblieben oder isst du heute gerne andere Sachen an Weihnachten wie noch in deiner Kindheit?

Empfehlungen vom Chef de Cuisine

_____

_____

_____

_____

_____

_____

PLÄTZCHENTAUSCH-PARTY

Nutzt das weihnachtliche
Schwarmwissen
und rettet die
Familienrezepte!
Jeder backt eine Sorte
und dann gibt's Inventur!

WARUM KOCHBÜCHER UND BLOGS WÄLZEN?

Die besten Plätzchenrezepte werden immer noch von Mund zu Mund und von Backblech zu Backblech weitergegeben! Frag doch mal bei deinen Eltern, Großeltern und Verwandten nach. Bestimmt wird es dir gelingen, ein traditionelles Familienrezept zu retten, das ohne dich für immer in Vergessenheit geraten wäre. Man beachte: Die Oma hat wahrscheinlich nie mit der Waage gemessen, sondern immer nach Gefühl. Sie wird sagen: Da nimmst du Mehl und ein paar Eier und einen dicken Streifen Butter! Da heißt es also: zuschauen und lernen! Kommt dieser Spruch womöglich direkt aus der Weihnachtsbäckerei?

CHALLENGE 14

In jeder Familie kursieren die besten Rezepte nur im Mündlichen. Vielleicht sind da ein paar vergilbte Blätter in Leitz-Ordnern, auf denen die Geheimtipps stehen. Aber was wäre, wenn du deine Freunde mobilisieren könntest, um die leckerste Plätzchenparty aller Zeiten zu feiern? Der Schwarm weiß immer mehr als der einzelne Bäcker! Jeder bringt also ein Blech Plätzchen aus der Familientradition mit. Wenn du schlau bist, dann lass dir von jedem das Rezept geben und mach für alle ein geheimes Spezialrezepte-Backbuch draus. Vielleicht wird das ja der nächste Bestseller!

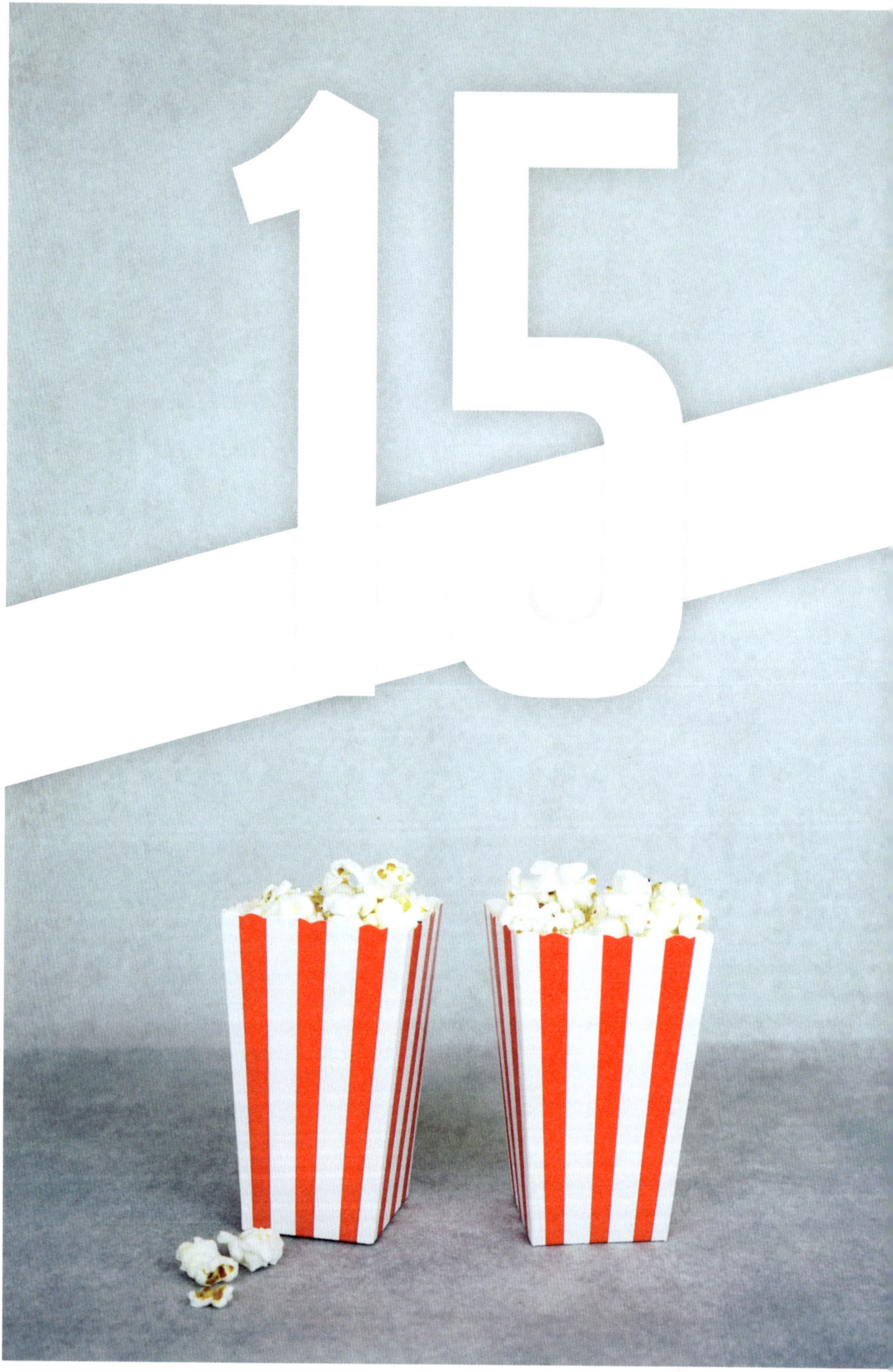
15

BLOCKBUSTERWEIHNACHT

Manche Filme muss
man an Weihnachten
anschauen, auch wenn es
schwerfällt!
Es reicht aber auch, sie
in Erinnerung zu rufen!

NATÜRLICH SOLL UNS

die kalte und dunkle Jahreszeit nicht auf die Couch zwingen. Und um sich dauerberieseln zu lassen – dafür ist das Leben echt zu kurz. Trotzdem haben sich in den letzten Jahrzehnten einige Fernsehklassiker angesammelt, die auf jeden Fall im Programm auftauchen. Ob man will oder nicht! Das ist unsere Top 10 der Hollywood-Xmas:

1. Tatsächlich Liebe
2. Drei Haselnüsse für Aschenputtel
3. Sissi 1–3
4. Kevin allein zu Haus
5. Der kleine Lord
6. Charles Dickens' Weihnachtsgeschichte (Scrooge)
7. Die Dornenvögel
8. Nightmare before christmas
9. Mord im Orientexpress
10. Die Weihnachtsgans Auguste

CHALLENGE 15

Auf manches Happy End ist einfach Verlass. Und
wenn es ein Happy End im Jahr gibt, dann doch an
Weihnachten. Und so manchem Heiligabendstreit
hat der Fernseher schon prophylaktisch vorgebeugt.
Bei welchen zehn Filmen verdrückst du dir eine
Träne? Und auf welchen Film kannst du im Advent
nicht verzichten, auch wenn er überhaupt nichts mit
Weihnachten zu tun hat?

Meine Top 10 im Lichtspielhaus

1.

2.

3.

4.

5.

6.

7.

8.

9.

10.

WALDBADEN IM WINTER

Menschen gehen in den Wald, und zwar seit es Menschen und Wälder gibt! Warum eigentlich? Fühle, was der Wald dir zu sagen hat!

ALS KIND HABEN EINEN DIE ELTERN
fast jede Woche zum Spazieren in den Wald
mitgenommen. Schätzungsweise jedes
zweite Kind hat sich gefragt, was es dort
eigentlich soll: kein Spielplatz, allenfalls
eine zugewachsene Autoreifenschaukel, kein
Eisladen am Wegende und dann läuft man
auf dem langweiligen Kiesweg, statt den
abenteuerlichen Hang hochzuklettern.
Wozu das denn? Dann wird man älter.
Plötzlich steht man am Sonntag selbst im
Wald und weiß, was der einem zu bieten hat:
die Frische, die Ruhe, das große Ganze.

**WAS FÜHLE ICH, WENN ICH AN
DIE ZEIT IM WALD DENKE?**
Eiszapfen, die zwischen den Fingern
schmelzen, nasses Moos und klamme
Turnschuhe, Raureif auf dem Wollpulli, im
Gesicht die hellen Sonnenstrahlen, wenn
sie unverhofft durchs Astwerk brechen, die
warme Hand eines Menschen, den ich mag ...

CHALLENGE16

Geh raus und sammle im Wald deine ultimativen Wintergefühle! Oder erinnere dich, was deine Fingerspitzen, deine Nase und Wangen da draußen gefühlt haben! Tipp: Wenn du rausgehst, dann nimm dir doch einen lieben Menschen mit. Gegebenenfalls auch deinen Hund. Bekommst du 10 Winterhighlights zusammen, die dein Tastsinn erspürt hat?

_____

_____

_____

_____

_____

_____

Warum muss es
eigentlich immer der
billige Rotwein sein?
Vergiss das Einkaufen,
sei spontan!

ZUTATEN HABEN WIR EIGENTLICH IMMER
zur Genüge zu Hause. Wahrscheinlich ist unsere
innere Uhr so eingestellt, dass uns gerade
an Weihnachten die Hamstereinkaufslust
überkommt. Dabei hat man eh schon genug in
den Regalen. Vor allem Dinge, die man äußerst
selten einsetzt: Vanilleschoten, Gewürznelken
und Granatapfelkerne – die kannst du jetzt
endlich, endlich aufbrauchen. MHD seit drei
Jahren abgelaufen? Dann hör auf deinen
Verstand! Gewürze können höchstens ausduften,
richtig schlecht werden sie vom bloßen
Rumliegen in der Regel nicht.

CHALLENGE 17

Zutaten suchen Rezept: Wenn du also mal alles nach weihnachtlichen Geschmacksgaranten durchsucht hast, kann es losgehen. Es muss nicht immer der klassische Glühwein sein – kreiere doch einfach etwas Neues, mit dem, was du hast: deinen persönlichen Superpunsch! Also mixe zusammen, was harmoniert, besonders schmeckt und im besten Fall lecker ist: Ingwer, Orange, Fruchtsaft und Hagebuttentee. Oder doch lieber die Milchvariante mit Schoko und Espresso, Sahne und Eierlikör?

Das ist mein neues Kultgetränk:

_____

_____

_____

_____

_____

ANLEITUNG ZUM NICHTSTUN

Vom Luxus, sich heute
nichts vorzunehmen.
Setz dir heute ja kein Ziel!

HEUTE GIBT ES FÜR DICH

absolut nichts zu tun. Aber Vorsicht:
Nichtstun kann anstrengend sein, wenn man
es falsch angeht. Manche Leute nehmen sich
bewusst den Abend frei. Dann landen sie
doch in der Garage, um aufzuräumen.
So kann Nichtstun auch aussehen.
Das Wichtige ist nur: Heute gibt es keine
Verpflichtung und kein abgeschlossenes
Projekt. Hör auf, wenn dir danach ist! Wenn
der Nachbar vorbeikommt, dann trinkt einen
Kaffee zusammen. Die Garage kannst du
morgen fertig aufräumen! Beginne einfach,
auf was du Lust hast!

CHALLENGE 18

Tu nichts, aber richtig! Lass dich treiben, ganz unkontrolliert und ohne etwas erreichen zu wollen. Am Schluss erreichst du trotzdem etwas: Tiefentspannung, Musenmomente, neue Kraft. Denke also daran: Der Feierabend ist für dich da, nicht du für ihn. Und jetzt zusammen: Ahhhhhh!

Brauchen wir noch
etwas, um
glücklich zu sein?
Nur Volltreffer zählen!

DIE WEIHNACHTSVERLEGENHEIT:

Da schenkt man lieber, was keiner braucht, als Mut zur Lücke zu haben. Aber mal ehrlich: Wer wünscht sich noch etwas scheinbar Unerreichbares von ganzem Herzen – die Elektrogitarre, das Megapuppenhaus oder die Märklin-H0-Eisenbahn mit großem Schienenset? Eigentlich braucht man doch nichts. Jeder weiß ja, was heute für einen wichtig ist an Geschenken, nämlich zu zeigen: Du, ich mag dich. Wenn es aber nur darum geht, dann gibt es da wirklich gute, stress-, müll- und emissionsfreie Alternativen. Manchmal muss man nur mutig genug sein, sie anzupacken. Fleiß gehört auch dazu, denn selbst gemacht und selbst erdacht hat immer mit persönlichem Einsatz zu tun. Eben das sind uns die Familie und Freunde aber doch Wert, oder?

CHALLENGE 19

Hier sind die fünf Alternativen zum klassischen Geschenk, die garantiert nachhaltiger wirken als Pralinen:

1. Der Komplimente-Brief – kostet Überwindung, hilft auch zuverlässig bei Zukunftsplänen.
2. Hilfe und Unterstützung das Jahr über – immer gerne gesehen: der Computerkurs vom Enkel.
3. Entscheidet euch doch gemeinsam fürs Wichteln, sodass jeder nur einen Geschenkepartner hat! Löst das Problem zwar nicht, aber reduziert es ...
4. Das bewusste Schenken: dann, wenn man etwas in die Hände bekommt, das schicksalshaft zu einem Freund passt und unbedingt verschenkt werden will. Das wird nicht unbedingt an Weihnachten sein ...
5. Beschenke den einen, der es wirklich braucht! Das kann auch ein fremdes Kind sein oder eine Organisation!

Geschenkpapier gibt es
auch mit ohne Müll.
Sei kreativ und denk dir
was aus!

WAS MACHT EIN GESCHENK

zu einem Geschenk? Das ist der gute Wille, vor allem aber doch die Verpackung. Aber ist es wirklich notwendig, dafür Müll zu produzieren? Nur damit der andere etwas zum Auspacken hat? Zugegeben: Der vollständige Verzicht auf Verpackung wäre fürs Verschenken nicht gerade ein Qualitätsschub. Wird sich auch nicht durchsetzen. Aber zukünftig sind Alternativen für modebewusste Menschen ein unbedingtes Muss. Das klassische Einmalwegwerfverpackungspapier ist out. Wie wär's, wenn wir den Schal mal in ein Weckglas stecken würden, da bleibt am Schluss etwas Geschicktes übrig – und schöner sieht es auch aus. Ein heißer Tipp ist die japanische Technik des Furoshiki, bei dem man Geschenke kunstvoll mit quadratischen Stoffresten oder Geschirrtüchern – kann man immer brauchen – verpackt.

CHALLENGE 20

Check mal aus, was du zu Hause an versteckten Verpackungsalternativen hast! Was ist eigentlich aus den alten Landkarten geworden, brauchst du die Comics, die zerfledderten Partituren oder die alten Teedosen noch? Da kann eigentlich gar nichts mehr schiefgehen beim Verschenken: Schon die Verpackung hinterlässt eine ganz individuelle Note!

Inventurliste
Mein Verpackungsmaterial

_____

_____

_____

_____

_____

_____

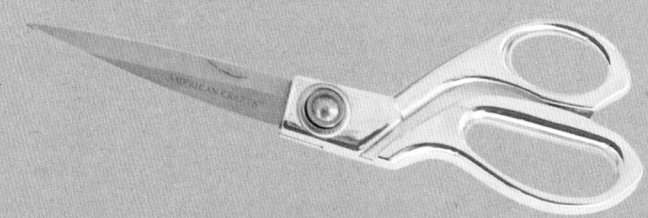

Weihnachten hatte mal
eine eigene Handschrift!
Weißt du noch?
Zücke deinen
Füllfederhalter!

WANN HAST DU DAS LETZTE MAL TINTE
an deinen Handballen geschmiert? Und kannst
du dich noch an die Druckstellen vom Füller
erinnern? Na, schon Lust bekommen, mal wieder
auszuprobieren, ob die Feder noch spitz ist?
Viele Leute haben fast vergessen, dass man seine
Gedanken nicht nur dem Smartphone anvertrauen
kann! Schließlich haben unsere Nachrichtenapps
ja auch nicht den besten Ruf, was das
Briefgeheimnis angeht! Wie wäre es stattdessen
mal wieder mit dem klassischen Brief! Du
weißt schon, so einer aus Papier! Früher der
Standard, heute für viele absolutes Highlight:
Weihnachtspost im Briefkasten, liebevoll
adressiert und mit einer sorgsam ausgewählten
Briefmarke beklebt!

CHALLENGE 21

Vertraue ausgewählten Leuten doch an Weihnachten mal deine Handschrift an, am besten die Schreibschrift. So, wie du sie einst in der Schule gelernt hast! Bist du eingerostet? Fühlt sich komisch an, oder? Fehler kann man mit Tinte nur schlecht korrigieren. Man muss nachdenken, bevor man schreibt: Mehr Achtsamkeit gibt's nicht, denn der klassische Brief ist nichts anderes als ein Gespräch mit sich selbst. Noch ein Tipp für die absolute Überraschungspost: Inzwischen kann man sich auch Briefmarken mit selbst gewähltem Motiv drucken lassen. Dein Kinderlachen als Briefmarke? Grandios!

CHRISTBAUMSCHMUCK DECLUTTERING

Was trägst du nicht jedes
Jahr vom Dachboden
runter, nur um es doch
nicht aufzuhängen!
Entrümple die
Rümpelkiste!

KENNST DU DIE?

Die halb kaputten Kugeln ohne Aufhängung, die defekten Strohsterne und die arg mitgenommen dreinblickenden Holzengel mit nur einem Flügel? Würdest du die wirklich noch aufhängen? Zumal du sie die letzten fünf Jahre auch nicht aufgehängt hast? Vielleicht taugen die Salzteigsünden deiner Kindheit nicht mehr für den Christbaum. Aber wie wäre es, wenn du sie einfach mal als Geschenkanhänger verwenden würdest! Was für ein rührendes Anhängsel für alle, die dich kennen! Was für den Baum nicht taugt, hat womöglich noch Charme und Kuriositätencharakter genug, um es unter den Baum zu schaffen!

CHALLENGE 22

Du hast doch längst deinen Stil gefunden. Du weißt ganz genau, dass der kleine Stern auf die Spitze kommt und nicht der große! Vieles, was sich in unserer Weihnachtsdekokiste tummelt, hat ausgedient. Andererseits hat es einen Grund, warum wir vieles nicht wegschmeißen. Für Außenstehende unverständlich, für uns ganz einleuchtend: Manche Dinge sind Gold in unseren Augen, weil wir mit ihnen etwas Gutes verbinden. Also: Alle Lieblingsstücke dürfen bleiben. Schließlich gibt es emotionale Anhängsel, ohne die wir nur halb so reich an Erinnerungen wären.

Hier meine All-Time-Favoriten, die das Decluttern überlebt haben:

_____

_____

_____

_____

_____

23

HALB SO GUT REICHT DICKE

Scheitern kann man
am leichtesten an den
eigenen Ansprüchen.
Befreie dich vom
Perfektionszwang!

KLAR! MANCHMAL WOLLEN WIR,
dass alles hundertprozentig stimmt. Aber was
nützt uns das, wenn wir dafür an Heiligabend
keinen Akku mehr haben, um das Fest richtig
zu genießen? Mal ehrlich, verlangt jemand
von uns eine farblich austarierte Tischdeko
oder muss der Ackersalat tatsächlich mit
kunstvoll komponierten Wildblütenblättern
und hautfreien Orangenfilets dekoriert
werden? Brauchst du extra Sherry-Gläser für
alle Gäste? Na, dann Prost! Du quälst dich
deswegen am Vorabend vor Weihnachten
durchs Kaufhaus und am Heiligabend trinkt
ihr dann doch Williams Birne!

CHALLENGE 23

Jeder Manager kennt diese Regel: Um 80 % unseres Potenzials auszuschöpfen, reichen 20 % Power. Um die restlichen 20 % Leistungsfähigkeit zu mobilisieren, braucht es die übrigen 80 % an Kraft und Anstrengung. Die letzten 20 % lassen wir also einfach mal beiseite. Verzicht auf die eigene Perfektion – das ist wirklich schwer! Überleg mal, wo liegen deine letzten 20 %, auf die du verzichten kannst? Was setzt dich kurz vor Weihnachten unter Druck? Was kannst du ein für alle Mal aus deinen Gedanken streichen? Befreie dich vom Zwang! Es lebe Weihnachten!

DER LETZTE GAST

Was bleibt am Ende, wenn alle Weihnachtsgäste gegangen sind? Sag Danke, weil nichts selbstverständlich ist!

DANKBARKEIT IST EINES DER WENIGEN DINGE,

die mehr werden, wenn man sie teilt. Das schaffen sonst nur noch Glaube, Liebe und Hoffnung. Weihnachten ist kein Kitsch und keine sinnfreie Endjahresparty, Weihnachten ist der perfekte Tag, um von Herzen Danke zu sagen!

Dafür,
– dass wir ein Zuhause haben
– dass wir zusammen sind
– dass wir genug zum Teilen haben
– dass wir zufrieden sein können
mit dem, was wir haben.

Wenn du in dich reinhörst, wächst da eine unendliche Dankbarkeitsliste heran. Vielleicht ist ja Dankbarkeit nichts anderes als dieses große Weihnachtsgefühl, dem wir die letzten 24 Tage hinterhergejagt sind!

CHALLENGE 24

Bevor du heute Abend die Kerzen am Weihnachtsbaum auslöschst, nimm dir doch ein bisschen Zeit,
um deine innere Dankbarkeitsliste zu lesen. Für was
empfindest du am meisten Dankbarkeit? Wem hast
du selbst Gutes getan? Eines ist klar: In den letzten
Wochen hast du mit schönen Dingen, mit zero Müll
und Konsum, dafür mit viel Geduld und bewusstem
Verzicht die Welt ein bisschen bereichert. Ist dir
etwas aufgefallen?

Irgendwie war das auch nichts anderes, als ein Licht
in die Welt zu tragen. Weihnachten eben. Klingt jetzt
arg nach Jesus. Und das soll es auch!

BILDNACHWEIS

Impressum

3. Auflage 2021

Ein camino.-Buch aus der
© Verlag Katholisches Bibelwerk, Stuttgart, 2019
Alle Rechte vorbehalten.

Redaktion: Matthias Slunitschek

Umschlaggestaltung und Satz:
Weiß-Freiburg GmbH – Grafik und Buchgestaltung

Hersteller gemäß ProdSG:
Druck und Bindung: Druck & Kalendermarketing
Sosset GmbH, Steinbeisstraße 16, 88353 Kißlegg
Verlag: Verlag Katholisches Bibelwerk GmbH,
Silberburgstraße 121, 70176 Stuttgart

www.caminobuch.de

ISBN 978-3-96157-121-5